¿De dónde viene?

Del árbol al papel

por Avery Toolen

Ideas para padres y maestros

Bullfrog Books permite a los niños practicar la lectura de textos informativos desde el nivel principiante. Las repeticiones, palabras conocidas y descripciones en las imágenes ayudan a los lectores principiantes.

Antes de leer

- Hablen acerca de las fotografías. ¿Qué representan para ellos?

- Consulten juntos el glosario de las fotografías. Lean las palabras y hablen de ellas.

Durante la lectura

- Hojeen el libro y observen las fotografías. Deje que el niño haga preguntas. Muestre las descripciones en las imágenes.

- Léale el libro al niño o deje que él o ella lo lea independientemente.

Después de leer

- Anime al niño para que piense más. Pregúntele: ¿Cómo usas el papel? ¿Te has preguntado alguna vez de dónde viene este?

Bullfrog Books are published by Jump!
5357 Penn Avenue South
Minneapolis, MN 55419
www.jumplibrary.com

Library of Congress Cataloging-in-Publication Data

Names: Toolen, Avery, author.
Title: Del árbol al papel / por Avery Toolen.
Other titles: From tree to paper. Spanish
Description: Minneapolis: Jump!, Inc., [2022]
Series: ¿De dónde viene?
Translation of: From tree to paper.
Audience: Ages 5–8 | Audience: Grades K–1
Identifiers: LCCN 2021004118 (print)
LCCN 2021004119 (ebook)
ISBN 9781636901657 (hardcover)
ISBN 9781636901664 (paperback)
ISBN 9781636901671 (ebook)
Subjects: LCSH: Papermaking—Juvenile literature.
Classification: LCC TS1105.5 .T6718 2022 (print)
LCC TS1105.5 (ebook) | DDC 676—dc23

Editor: Eliza Leahy
Designer: Michelle Sonnek
Translator: Annette Granat

Photo Credits: Muzhik/Shutterstock, cover (left); Voronin76/Shutterstock, cover (right), 3; Georgii Shipin/Shutterstock, 1; Karen Struthers/Shutterstock, 4; Christopher Barrett/Shutterstock, 5; Sheryl Watson/Shutterstock, 6–7, 22tl; Shutterstock, 8, 9, 23tr; charobnica/Shutterstock, 10–11, 22tr; Marka/Getty, 12–13, 22mr, 23bl; Moreno Soppelsa/Shutterstock, 14–15; Kenneth Sponsler/Shutterstock, 16, 23tl; Alamy, 17, 22br; zefart/Shutterstock, 18–19, 22bl, 23br; Dragon Images/Shutterstock, 20–21, 22ml; Sanit Fuangnakhon/Shutterstock, 24.

Printed in the United States of America at Corporate Graphics in North Mankato, Minnesota.

Tabla de contenido

De la pulpa

Leo dibuja en el papel.
¿De dónde viene
el papel?

¡De los árboles!

Se cortan los árboles.

Los troncos van a una fábrica.

corteza

Una máquina les saca la corteza.

astillas

Se corta la madera.

De ahí salen las astillas.

Se añade agua para hacer la pulpa.

Se limpia la pulpa.

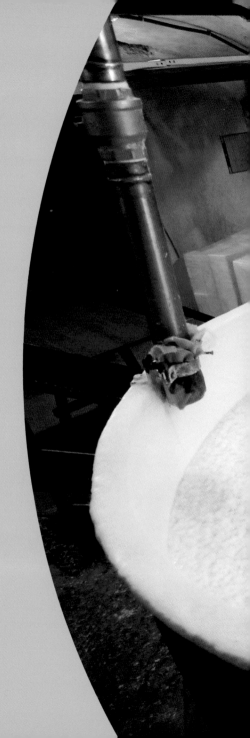

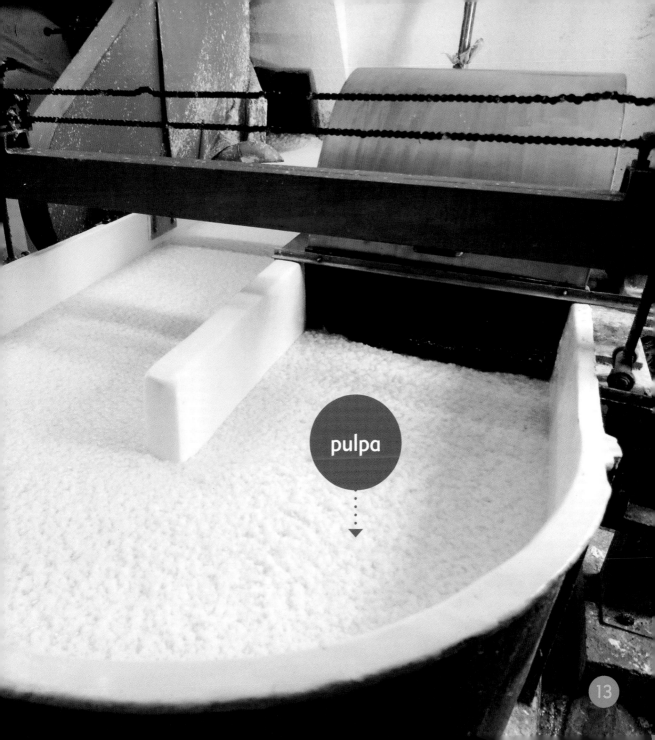

pulpa

La pulpa va a
una máquina.

Se seca.

Se convierte en
hojas de papel.

Las hojas van en grandes carretes. ¡Guau!

carrete

Luego se corta el papel.

Este se empaca.

Va a las tiendas.

Nosotros compramos papel.

¡Escribimos y dibujamos sobre él!

Del tronco al cuaderno

**¿Cómo se convierte la madera en el papel que usamos?
¡Echa un vistazo!**

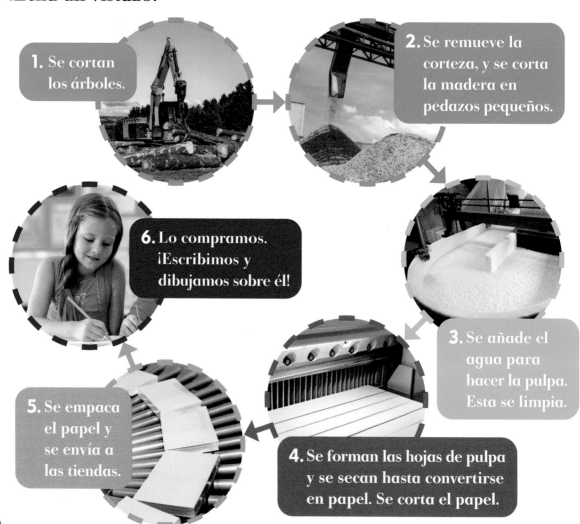

1. Se cortan los árboles.

2. Se remueve la corteza, y se corta la madera en pedazos pequeños.

3. Se añade el agua para hacer la pulpa. Esta se limpia.

4. Se forman las hojas de pulpa y se secan hasta convertirse en papel. Se corta el papel.

5. Se empaca el papel y se envía a las tiendas.

6. Lo compramos. ¡Escribimos y dibujamos sobre él!

Glosario de fotografías

carretes
Aparatos que pueden girarse para contener un material flexible de forma que este pueda dar vuelta.

corteza
La capa externa y áspera del tronco de un árbol, sus raíces y ramas.

pulpa
Una sustancia suave y húmeda hecha de madera, que se usa para hacer papel.

se empaca
Se coloca en un contenedor o en un envoltorio.

Índice

Para aprender más

Aprender más es tan fácil como contar de 1 a 3.

❶ Visita www.factsurfer.com

❷ Escribe "delárbolalpapel" en la caja de búsqueda.

❸ Elige tu libro para ver una lista de sitios web.